［美］博恩·崔西（Brian Tracy） 著

王琰 译

时间

用更少的时间完成更多的工作

TIME MANAGEMENT

管理

中国科学技术出版社

·北 京·

Time Management by Brian Tracy.
Copyright © 2013 Brian Tracy.
Original English language edition published by arrangement with HarperCollins Leadership, a division of HarperCollins Focus, LLC.
Simplifified Chinese translation copyright ©2021 by China Science and Technology Press Co., Ltd.
All rights reserved.
北京市版权局著作权合同登记　图字：01-2021-5814。

图书在版编目（CIP）数据

时间管理 / （美）博恩·崔西著；王琰译 . —北京：
中国科学技术出版社，2021.10
书名原文：Time Management

ISBN 978-7-5046-9195-8

Ⅰ . ①时… Ⅱ . ①博… ②王… Ⅲ . ①时间—管理
Ⅳ . ① C935

中国版本图书馆 CIP 数据核字（2021）第 199356 号

策划编辑	杜凡如　龙凤鸣	**责任编辑**	杜凡如
封面设计	马筱琨	**版式设计**	蚂蚁设计
责任校对	邓雪梅	**责任印制**	李晓霖

出　　版	中国科学技术出版社
发　　行	中国科学技术出版社有限公司发行部
地　　址	北京市海淀区中关村南大街 16 号
邮　　编	100081
发行电话	010-62173865
传　　真	010-62173081
网　　址	http://www.cspbooks.com.cn

开　　本	787mm×1092mm　1/32
字　　数	50 千字
印　　张	5
版　　次	2021 年 10 月第 1 版
印　　次	2021 年 10 月第 1 次印刷
印　　刷	北京盛通印刷股份有限公司
书　　号	ISBN 978-7-5046-9195-8/C·181
定　　价	59.00 元

（凡购买本社图书，如有缺页、倒页、脱页者，本社发行部负责调换）

前言

PREFACE

　　管理者管理时间的能力以及与职业相关的其他能力的高低将决定其职业生涯的成败。时间是一个人取得成功不可缺少且无法替代的资源，也是人最宝贵的资产，因为它无法储存，逝去亦不复返。完成任何工作都需要时间，管理者越能高效地利用自己的时间，就越能取得更多的成就，获得更大的回报。

　　时间管理能够使人高效地利用时间、提升工作效率。一个人对自己的时间和生活的把控程度，是决定其内心是否平和，以及精神健康程度的主要因素。一个人如果感到无法把控自己的时间，就会产生压力并感到焦虑和沮丧。一个人如果能够恰当地安排和把控生活中的关键事件，就能一直保持良好的心情、积蓄更多的能量、保证良好的睡眠、完成更多的工作。

本书介绍的思想和方法，可以帮助你在每个工作日节省两小时的工作时间，甚至可以使你的绩效和工作效率提高一倍。数千名来自各个行业的高管都使用了这些方法，验证了这些方法的有效性。只要遵循了时间管理 4D 原则，这些方法也能够助你取得成功。

⏱ 时间管理的 4D 原则

第一个 D 代表愿望（Desire）。你必须具有想要把控时间、取得最大效益的强烈愿望。

第二个 D 代表果断（Decisiveness）。你必须果断地做出决定：不断练习有效的时间管理方法，直到这些方法成为习惯。

第三个 D 代表决心（Determination）。你必须能够抵抗所有不利因素的诱惑，坚持到底，直到能够有效地管理时间。你的愿望会使你坚定决心。

第四个 D 代表纪律（Discipline），这也是成功最重要的因素。你必须约束自己，让时间管理成为自己终身的习惯。有效的纪律是不管你喜欢与否，都愿意强迫自己付出代价，在应该做某事的时候，做自己认为应该做的事。这对成功至关重要。

能够出色管理时间的人会收获巨大的回报。时间管理的能力也是辨别高绩效者与低绩效者最明显的标志。在工作中，所有成功的人都能够非常合理地利用自己的时间，而所有表现不佳的人都做不到这一点。成功最重要的原则就是"养成良好的习惯，并用这些习惯约束自己的生活"。在本书中，你将了解养成良好习惯的方法，以及如何运用这些好习惯引导和约束自己的生活。

本书介绍了二十一种最有效的管理时间的方法，几乎所有高效率的人都认同并在生活中使用这些方法。

请记住，管理时间实际上就是管理生活。想要管理好自己的时间，提升个人效率，请从珍惜生命，珍惜每一分钟做起。

🕐 在所处的位置，用所有的资源做自己力所能及的事

你应该对自己说："我的生命是宝贵而有意义的，因此我要珍惜生命中的每时每刻，要正确地利用自己的时间，尽自己所能地在有限的时间里取得更大的成就。"

令人开心的是，时间管理是一项业务技能，而所有业务技能都是可以通过学习获得并提升的。管理时间就像骑自行车、用键盘打字或是做运动一样，需要一系列的方法、策略和技巧。你只要有决心，也愿意不断重复地练习，就能学习和掌握管理时间的所有技能。

目录

CONTENTS

第一章　时间管理心理学　　　　　　　　　　/ 001

第二章　确定自己的价值观　　　　　　　　　/ 011

第三章　明确自己的愿景和使命　　　　　　　/ 020

第四章　回顾过去，展望未来　　　　　　　　/ 028

第五章　制订书面计划　　　　　　　　　　　/ 035

第六章　绘制项目图　　　　　　　　　　　　/ 041

第七章　列出每日"待办事项"清单　　　　　 / 049

第八章　设定明确的优先级　　　　　　　　　/ 060

第九章　保持正轨　　　　　　　　　　　　　/ 071

第十章　确定自己的关键结果领域　　　　　　/ 080

第十一章　委派工作　　　　　　　　　　　　/ 089

第十二章　集中精力　　　　　　　　　　　　/ 093

第十三章　克服拖延症　　　　　　　　　　　/ 100

时间管理
TIME MANAGEMENT

第十四章　划分时间块　　　　　　　　　　　/ 106

第十五章　控制干扰　　　　　　　　　　　　/ 113

第十六章　批处理任务　　　　　　　　　　　/ 118

第十七章　管理电话　　　　　　　　　　　　/ 123

第十八章　有效地组织会议　　　　　　　　　/ 128

第十九章　读得快，记得多　　　　　　　　　/ 134

第二十章　为个人发展投资　　　　　　　　　/ 140

第二十一章　整理工作空间　　　　　　　　　/ 144

第二十二章　结　语　　　　　　　　　　　　/ 147

第一章
时间管理心理学

有人认为一个人的生活质量很大程度上取决于他对自己的看法和感觉，其个性的情感核心是自尊，即"喜欢自己的程度"。你如何看待这一观点？

人的自尊很大程度上取决于自己如何利用生命和时间来激发自己的全部潜能。当一个人高效地工作时，其自尊心就会增强。反之，当其工作效率低下时，自尊心也会随之下降。

自尊心的另一面是自我效能感，指的是一个人对自己有能力、有才干，能够卓有成效地解决问题、

完成工作、实现个人目标的自信程度。

你越是认为自己有能力、有才干、工作效率高，自尊水平就越高；自尊水平越高，工作效率就越高、能力就越强。二者相辅相成。

能够合理安排时间的人是积极的、自信的，同时也能够掌控自己的生活。

⏱ 控制定律

时间管理心理学基于一个简单的原理，即控制定律。该定律表明，一个人如果能够在一定程度上掌控自己的生活，就会自我感觉良好；一个人如果感觉无法掌控自己的生活或工作，就容易产生负面的情绪。

心理学家将这之间的差别称为内控点和外控点。当一个人感觉自己能够掌控生活时，就达到了内控点；而当他感到自己的生活被外部环境控制时，就达到了外控点。

当一个人处于外控点时，他会感觉自己被领导、账单以及工作和责任的压力所控制，觉得自己在短时间内需要完成很多工作，无法掌控自己的时间和生活。因此，在工作时间内所做的大部分工作都是对外部事件做出反应和处理。

自主的、目标导向的行为与面对外部压力时的即时反应之间存在很大的差异。前者会让人感觉能够掌控自己的生活，对生活抱有积极的态度。后者则会让人对生活产生消极、紧张等的负面情绪和压力。为了让自己达到最佳状态，你必须掌控工作和个人生活的重要领域。

⏰ 个人的想法和感受

从心理学的角度而言，每个人都会定义自我概念。自我概念是一个内部主控程序，可以控制一个人在生活中各个重要领域的行为。对时间管理有较高自我概念的人会希望能够有序地规划自己的时间，且富有成效地完成工作。这样他们才能更好地掌控自己的生活和工作。

一个人的自我概念是由个人关于自己的所有想法和想象组成的，也包括了其对自己的信念以及管理时间的方式。有些人认为自己非常有条理且效率很高，而有些人则感觉自己一直被他人和外部环境的需求所控制。

⏰ 信念成为现实

你对自己抱有什么信念？认为自己是否有能力安排好自己的时间，是否能够高效地管理好自己的时间，工作效率是否很高，是否能够掌控自己的生活和工作？无论这些问题的答案是什么，你如果认为自己是一个优秀的时间管理者，那么自然会按照自己的信念去工作和生活。

由于一个人的自我概念会促使其努力将个人的外部行为与内在的自我认知保持一致。因此，如果你认为自己能很好地管理自己的时间，那么你自然会成为一名出色的时间管理者。

你可以参加所有有关时间管理的课程，阅读所有相关的图书，也可以尝试各种时间管理的方法，但是如果你认为自己是一个糟糕的时间管理者，那么一切都于事无补。如果你已经养成了开会迟到、约会晚到的习惯，或者认为自己是一个杂乱无章的人，那么这些习惯就会成为你的自动行为。如果你无法改变对自己个人工作效率水平和效能水平的认识，那么管理时间的能力也不会有任何提升。

🕐 做决定

一个人如何才能形成对自己生活和工作效率水平的积极的信念？幸运的是，这并不困难，你只需要遵循前言中提到的时间管理的 4D 原则：愿望、果断、决心和纪律。最重要的一步就是要下决心成为一名出色的时间管理者。更重要的是，你要下定决心养成特定的时间管理习惯，例如，在短期内，每次开会都提前到达会场。当你做出明确的、毫不含糊的决定并因此做出改变时，生活也会随之改变。

🕐 改变自己的思想

你一旦决定要成为一个高效率的人，就可以学习一系列的个人规划的技巧。

改变自身行为的第一种方法是要改变自己的内心对话。人 95% 的情绪以及最终的行为取决于其大部分时间的自我对话。每当你因为工作过多而感到不知所措时，请暂停一下手头的工作，对自己说：

"我是一个有条理且高效率的人。"也要一遍又一遍地告诉自己："我是一个出色的时间管理者。"如果有人问你如何管理自己的时间，请告诉他们"我是一个出色的时间管理者"。每当你对自己说"我是一个有条理且高效率的人"时，你的潜意识就将这些话当作命令，并开始激励和驱使你在行为上表现得更有条理。

◉ 把自己设想为自己想成为的人

改变自身行为的第二种方法是将自己想象为出色的时间管理者，认为自己是一个有条理、高效率、能掌控自己生活的人。请记住，一个人在内心想象自己是什么样的，就会在外在表现为什么样。

设想一下，如果你已经是一个有条理、高效率的人，对比现在你会有什么不同的表现？你会做出哪些与现在不同的行为？你会冷静、自信、高效、轻松地在短时间内完成大量工作。你的办公桌会是干净整洁的，你会看起来轻松且毫无压力。

🕐 "假装"

改变自身行为的第三种方法是"假装"自己已经是一个出色的时间管理者，认为自己能够高效有序地处理所有的工作。想象一下：你如果已经能够出色地管理自己的时间了，具体会怎么做？可以采取哪些与现在不同的做法提升个人的时间管理效率和工作效率？

有趣的是，你即使认为自己目前还无法出色地管理自己的时间，也要尽可能地假装自己可以，因为这样的举动能够提升个人效率感。当能够"弄假成真"时，你便可以改变自己的动作、习惯和行为。

第二章
确定自己的价值观

时间管理实际是管理自己的生活。因此，想要提高自己的工作效率，首先要审视自己的价值观。墨菲定律告诉我们，在做任何事情之前，必须先做好充分、积极的心理准备。除非你确切地知道自己的价值观，否则无法妥善地管理自己的时间。

如果想要管理好自己的时间，你就必须合理地统筹安排所有事情，并判断什么事情是最重要的。如果没有对自己重要的事情，那么你永远不会有动力和决心去规划自己的时间。

因此，你需要常常反思：我早上为什么起床？为什么要做现在的工作？现在为什么要在这个地方工作？

🕐 意义和目的

每个人都有更深层次的需求，即生活的意义和目的。如果一个人感觉到有压力或者不快乐，那么最主要的原因是他认为自己所做的事情没有意义和目的，无法满足自身的精神需要。因此，你做任何事情之前都必须问问自己"为什么"。

虽然可以通过时间管理技巧提升自己的工作效率，但如果你只是更有效率地去做一些毫无意义的事情，这对你而言只是浪费时间罢了。这样的高效率只会加深你的疏离感 ❶ 、挫败感和焦虑感。

🕐 自己最看重的是什么？

你需要问自己的下一个问题是："我在生活中最看重的是什么？真正关心并支持的是什么？不支持的又是什么？"

你是否真的开心或者认同自己工作和生活的价值，很大程度上取决于你自己的日常活动与个人价值观的一致程度。生活和工作中所有的压力、紧张、

---

❶ 从心理学角度来看，它包括主观、客观两种成分。客观成分主要指人对外部世界的一种失控感，主观成分包括社会分离感和个性丧失。——译者注

焦虑和沮丧，都是因为自己相信和看重的价值观与所做的事情大相径庭。

许多报道表明，很多高管由于工作的压力过大而产生了职业倦怠❶。但是那些从事自己所热爱的工作并能全身心投入的人，很少会感受到压力和倦怠，因为他们的工作体现了自己的价值观。当按照自己的价值观生活时，你会发现自己好像充满了能量、热情和创造力。你如果从事的工作与自己最核心的价值观念不符，就会感到巨大的压力。

因此，你要审视自己的价值观，反思自己需要做出哪些改变，才能使自己的外部行为更加契合内

---

❶ 指个体在工作重压下产生的身心疲劳与耗竭的状态。——译者注

在的价值观。

🕐 你是独特的

你要认可并接受自己是一个独特而优秀的人。个人的价值观会在其整个生命历程中不断地发展和演变。人的价值观是人生经历和外部影响综合作用的结果。由于价值观是心理和情绪基因的一部分，也是人的性格和个性的一部分，因此它很少会随着时间的变化而改变。因此，你需要确定自己的深层价值观，并根据其组织和安排自己的工作和生活。

🕐 **分析自己**

下面四个补全对话的练习能够帮助你更好地了解内心深处真正的自己。

（1）"我是 ＿＿。"如果一个陌生人问你："你到底是个怎样的人？"你会怎么回答？你会首先用什么词来描述自己？你会如何描述自己的工作、人品、梦想和愿望？请用 3~5 个词来完成"我是 ＿＿"这个句子。

你也可以采访一下你周围的人，问他们同样的问题，看他们会如何描述你。其他人会如何描述你的价值观及你究竟是一个什么样的人呢？他们会根据你的行为和对待别人的态度，总结出你内心深处是一个什么样的人。

（2）"他们是 ____。"你如何看待自己周围的人？如何形容他们？他们是善良、温暖、友爱的，还是懒散、狡猾、不值得信任的？

你的答案会对你如何在生活的方方面面与别人相处产生重要的影响。它将决定你作为一名高管能有什么样的成就，以及你如何与家人和朋友相处。

（3）"人生是 ____。"这个问题的答案似乎很简单，但它代表了你全部的人生哲学。积极、健康、快乐的人会认为人生是一种美妙的体验，虽然充满了起起伏伏，但总体来说是一次伟大的冒险。

分享一则我最喜欢的故事。一个年轻人对一位老哲学家说："人生很难。"哲学家反问道："与什么相比呢？"

正如海伦·凯勒（Helen Keller）所说："要么

冒险，要么就一事无成，这就是人生。"那么，人生对你而言意味着什么呢？

（4）"我最大的人生目标是 ____。"如果你能实现一个人生的重大目标，可以是短期目标，也可以是长期目标，哪个目标能对你的生活产生最积极的影响呢？请补全下面这两个句子：

"我职业生涯中最大的目标是 ____。"

"我最大的家庭目标是 ____。"

这些问题和答案会对你产生重要而深远的影响。虽说回答这些问题并不容易，但当你清楚地知道这些问题的答案时，你就能明白自己需要做出哪些改变使自己利用时间的方式与生活和工作中事物的优先顺序协调一致。

拿破仑·希尔（Napoleon Hill）指出，只有

我们明确了人生中最重要的目标，生活才开始变得
伟大。

　　你最重要的目标是什么？

第 三 章
明确自己的愿景和使命

丹尼尔·卡尼曼（Daniel Kahneman）的著作《思考，快与慢》（*Thinking, Fast and Slow*）是近几年来立意最深刻的佳作之一。他认为，人需要用两种不同类型的思维方式来应对日常生活中遇到的各种情况。

"快思考"的思维方式适用于我们处理短期的任务、职责、活动、问题和情况。我们会对此迅速地、本能地采取行动，因而快思考是我们在大多数日常活动中可以采用的思维方式。

卡尼曼描述的第二种思维方式是"慢思考"。这要求我们退一步，花更多的时间仔细考虑事件的具体情况，然后再做出决定。卡尼曼认为，在必要的时候未能进行慢思考将会导致我们在生活中犯下许多错误。为了能够出色地管理自己的时间，掌控自己全部的生活，你需要定期进行慢思考。做任何事情之前都问问自己："我想要做什么？"

◷ 三思而后行

很多时候，你会发现虽然自己非常努力地工作，但并没有退后一步花时间仔细思考自己真正想要完成的是什么。

有一对夫妻从美国加利福尼亚州的圣迭戈出发

开车去美国洛杉矶。丈夫虽然不熟悉路线，但仍保持全速行驶。突然，妻子问他："亲爱的，去洛杉矶路过菲尼克斯吗？"

丈夫反问说："你为什么问这个问题呢？"妻子回答："好吧，我们刚刚路过了一个路标，显示我们正驶向菲尼克斯。"

丈夫只好回答道："没关系，我们玩得很开心就好！"

在人生的道路上，"踩油门"之前，你必须完全清楚自己想要实现的目标是什么。

安布罗斯·比尔斯（Ambrose Bierce）在《魔鬼辞典》（*The Devil's Dictionary*）中写道："狂热是指，即使忘记了目标，你依然加倍努力。"

你的目标是创造美好的生活吗？你是否正在尝

试成就一番伟大的事业，或是完成一项重要的任务？你慢思考的能力，即退后一步进行自我分析、自我反思的能力，对于你是否能够合理地管理自己的时间从而在工作中获得最大的喜悦、满足和幸福至关重要。

🕐 专注于结果

你首先要清楚自己想要的结果是什么。正如史蒂芬·柯维（Stephen Covey）所说，以终为始。你努力想实现的结果和成就是什么？每天要实现什么目标？在努力实现目标的过程中，要确保努力的方向能够指引正确的结果。

你工作是为了赚到足够的钱来满足自己的安

全感和幸福感，还是因为热爱自己的工作，又或是因为感觉自己肩负着完成一件非常重要事情的使命？

假如你已经实现了自己最大的目标，周围的世界会变成什么样？你对自己和职业生涯的长期规划是什么？你的任务是什么？你想对他人的生活产生什么影响？

如果你工作只是为了赚足够的钱来支付账单，那么你将很难建立并保持高度的专注和热情。要想获得真正的快乐和满足，必须努力去完成一些超越自我的事情，这些事情也会影响甚至改变他人的生活或工作。

🕐 检查自己的方法

你清楚地知道自己要做什么时，也要自问"我该怎么做"。当每次反思这两个问题时，你都会明白需要审视一下自己的处境，从而明白自己是否处在正确的轨道上。

一旦清楚了自己要做什么以及如何做，第三个要问自己的问题是"进展如何"。也就是你要知道：自己正在做的事情是否能以最快、最有效的方式朝着理想的方向前进？自己对进度是否满意？事情进展顺利吗？在过程中是否遇到了太多的困难和障碍？

最重要的是，你要不断质疑自己的假设。正如彼得·德鲁克（Peter Drucker）所说，错误的假设是所有失败的根源。

你要常常思考，自己对工作和生活的假设是什么？自己的有意识的假设是什么？无意识的、毋庸置疑的假设是什么？令人惊讶的是，虽然许多人工作勤奋，但他们的工作是建立在错误假设的基础上。

◷ 寻求更好的备选方案

你在思考"进展如何？"这个问题时，还应该考虑另一个重要的问题"有没有更好的备选方案"。

事实上，几乎总是存在另一种能更好地实现业务目标的方法。这种方法可能更加快捷、成本更低、更有效。

正如一首诗所言："生活不止眼前的苟且，还有诗和远方。"

许多人都在努力工作，但是走错了方向。他们不清楚自己想做什么，也不知道最终要何去何从，更不想面对和处理自己已经做错的事情。虽然提出这些尖锐的问题需要慢思考，但回答这些问题可以显著加快实现业务目标、愿景和使命的速度。

第四章
回顾过去，展望未来

　　无论你处于什么行业，从事何种工作，最重要和最有价值的行为都是思考。与其他行为相比，能够清楚地思考自己要做什么、怎么做，会对未来的工作成果产生更大的影响。

　　在自己的某些工作领域中，想要取得良好的表现就必须进行"慢思考"。

　　每天早晨要做的第一件事就是花 30 分钟或更长时间审视自己的目标、计划和进度，去思考、计划、梦想和创造。所有杰出的高管和工作效率高的人每天在开始工作之前，都会留出一部分时间仔细考虑自己一天要完成的任务。因此你在采取行动之前，也应该先审视思考自己要做什么。

多年来，我阅读了各个行业数百位成功人士的传记和自传。我发现这些成功人士有一个共同的特点，他们都是在经历了内省和沉思后，才获得成功。你只有开始定期花时间思考自己是谁、自己的目标是什么，以及实现该目标的最佳方法，才有能力获得成功。

此外，你还要花时间在更大的背景下评估自己的生活和行为。评估自己目前的情况以及五年后想要实现的目标。审视自己今天所做的所有工作，哪些活动能对未来产生重要的影响。这种思维方式可以让你比现在更好地管理自己的时间。有时，在经

历一段独处或沉思后，脑海中突然闪现的一个好主意可以使你免去数月甚至数年的辛苦工作。

🕐 长远的眼光

美国哈佛大学的爱德华·班菲尔德（Edward Banfield）博士对全球高效率人士的态度和行为进行了五十多年的研究。他发现了一种能够区别高效率人士与低效率人士的特殊品质，并将它称为"长远的眼光"。班菲尔德发现，高效率的人会花时间思考自己未来十年或二十年后想要实现的生活和工作的目标，并会反思现状，确保当前所做的一切与将来的目标保持一致。

你也可以使用这种有效的方法，展望一年、两年或三年后的目标，想象那个时候自己生活的各个方面都较为理想，并清晰地描绘出自己理想的工作环境。从未来的角度出发，设想一下自己理想的生活和工作环境是什么，然后问问自己："我现在所做的事情是否与未来理想的生活相吻合。"

从未来的角度出发，反思现在的自己和当前的情况，思考自己需要怎么做才能实现未来的目标。这种"终点思维"已然成了许多高管的思考习惯。

做出当前更好的决定

例如，一名年轻女子希望成年后能够成为一位非常成功的商人。因为有了这样的长远目标，她在高中时期付出了很多的时间以取得更优异的成绩，从而有资格进入一所好的大学。在大学里，与同龄人相比，她选修了更难的课程，花更长的时间学习，延缓自己对聚会、运动和社交生活的即时满足，最后以优异的成绩毕业。经过多年的努力和学习，她被一家大公司录用。与那些从来没有真正思考过未来的同学相比，她获得了更高的薪水和更好的晋升机会。

当清楚地知道自己未来的目标时，你现在就可以轻松地做出更好的决定。正所谓，长期的愿景可以优化短期的决策。你一定听过这样的一句话："你如果不知道自己要去哪里，那么只能随波逐流，无所适从！"中国有句古话："人无远虑，必有近忧。"

用长远的眼光看问题的习惯对任何人都十分有益。通过展望未来和回顾现在，你能清楚地知道自己应该做什么，应该规避哪些错误。这样的习惯不仅能够帮助你明确自己的价值观，还能够提高你合理安排时间和约束自己行为的能力，从而确保目前所做的事情能够帮助你实现未来的目标。

朝着目标前进

你如果没有朝着自己的理想目标前进，那么无法更快地实现自己的目标。你如果没有朝着自己认定的方向前进，那么即便能合理安排自己的时间加速完成任务也毫无意义。如果你没有明确的未来愿景，那么时间管理策略和技巧只会更快地把你带到一个毫无意义的终点。

一旦明确了自己的价值观、愿景以及生活和工作的使命，你就会清楚地知道自己想要实现的目标是什么，以及实现该目标的最佳方法是什么。只有到那时，你才能开始尝试一些自己能够使用的高效的时间管理技巧。

第五章
制订书面计划

能够成功规划时间的人普遍能很好地制订计划。他们会制作任务清单和子任务清单，列出所有需要实现的主要和次要目标。每当需要完成新项目时，他们会花时间仔细考虑自己想要实现的目标，然后按顺序列出完成新项目的每一个必要步骤。

有研究表明，你如果能够花 1 分钟做计划，那么可以节省 10 分钟的工作时间。在开始工作之前，花时间以书面形式列出需要完成哪些任务，能够为你节省 10 倍的个人精力，因为在工作计划上每投入

1分钟就可以节省10分钟的工作时间。

一旦明确了自己的目标，你就可以列出为了实现该目标需要做的所有事情。每当想到新任务时，你就将其添加到任务清单中，直到完成任务清单为止。计划任务清单的排序有两种：按时间顺序和按优先级。

按顺序列举计划任务清单时，你要按时间顺序列出从第一步到完成目标或项目的最后一步。正如亨利·福特（Henry Ford）所说："如果目标较大，可以将其分解成若干个小目标，逐步实现最大的目标。"

第二种是对任务清单中的任务设置优先级。需要明确的一点是，根据二八定律，清单中20%的任务可能会占所有任务的价值和重要性的80%。因此，你需要通过设置任务的优先级，让自己专注于关键任务和活动，避免分散精力。正如歌德（Goethe）所说："最重要的事情不能受最不重要的事情左右。"

制订好书面计划之后，你还要定期检查自己的计划，尤其是在遇到挫折或阻力时。此外，当你收到新的信息或反馈时，请随时准备修正计划。请记住，所有的计划都存在或多或少的瑕疵，你要不断将其找出并调整计划。每天查看计划时，你都有可能产生新观点和新见解，从而可能会比当初的计划更快、更好地完成任务。

所有行动的失败都是因为没有事先做好计划。在没有做好完备的计划之前，无论如何你都不要采取行动。

⏰ 为实现目标而做计划

清晰的思维是取得成功的关键。成功人士在生活的每个方面都非常清楚自己是谁、目标是什么。除了以书面的形式制订目标计划外，成功人士每天还会制订自己一天的行动计划。

一旦为自己和企业设定了更大的目标，你就应该时常反思下列 4 个问题。

（1）哪些困难和障碍阻碍自己实现目标？为什么目前还无法实现目标？是什么让自己退缩？是什么阻碍自己前进？为了最终实现目标，自己必须解决哪些问题，必须克服哪些困难？在需要解决的所有问题中，阻碍自己实现目标的 80% 的障碍是由哪 20% 的问题造成的？

（2）为了实现目标，自己还需要掌握哪些其他知识、技能或信息？你要记住这句话：能够让自己取得如今成就的那些条件，不足以让自己取得更大的成就。

是否可以以购买的形式获得相关的知识、信息，或是招聘掌握相关知识或信息的员工？是否需要开发新的技能，从而发挥全部的工作潜能？在实现目标的过程中，需要哪些信息才能做出正确的决定？

正如乔希·比林斯（Josh Billings）曾经写道："能够伤害一个人的不是他的知识，而是他的错误认识。"

（3）为了实现目标，你需要哪些人、团体或组织的帮助？有时，别人可以为你提供想法和见解，或者带来新的机遇，从而帮助你取得前所未有的巨大成就。这也是许多商人加入合资企业或者与竞争对手建立战略联盟的原因，这样他们可以向自己的客户提供自己目前无法提供的产品和服务。

（4）在所有可以帮助你实现目标的人中，谁是最重要的？你可以提供什么作为交换，从而获得此人的帮助或与此人达成合作，以便更快地实现自己的重要目标呢？

放眼企业，看看自己周围的同事，只有那些在开始之前制订详细的行动计划的人才能完成最重要的项目。因此，你要为自己和企业制订书面计划，并认真执行这些计划，直到成功为止。

第六章
绘制项目图

企业中大多数的工作都由一系列项目组成。你完成项目的能力在很大程度上决定了你能否取得事业上的成功。如果一个项目被定义为多任务工作，这是因为完成该项目需要完成一系列较小的任务。

清单可能是你能够最大限度地提高个人效率、显著提高成就水平的最强大工具。因此，你在开始工作之前，要以书面的形式按时间顺序列出完成任务所有必要步骤的清单。

你应该确定从项目开始到成功完成有哪些必要的步骤，这也是超前思维的标志。再次强调一下我之前所说的研究结果，计划和创建任务清单所花费的每一分钟将为你节省 10 分钟的执行时间或完成工作的时间。这是另一种慢思考，它可以显著提高你的工作效率和业绩，以及你对企业的最终价值。

◑ 创建项目计划评审技术图表

你可以用可视化的形式直观地展示较大的任务，以便自己和其他人能从全局了解任务的内容。

你首先要明确如果自己想要获得满意的结果，必须实现哪些目标。也就是前文所说的，以终为始，花点时间完全弄清楚自己能够出色地完成哪些目标。

然后，从未来回到现实，列出从现实出发到实现目标所需的步骤。

项目计划评审技术（Program/Project Evaluation and Review Technique，简称 PERT）就是以图表的方式列出实现项目需要采取的所有步骤，以及每个步骤需要何时完成才能实现最终的目标。世界上效益最好的公司和工作效率最高的高管都在使用这一方法。项目计划评审技术图表能够帮助你找到各种更高效地完成任务的方法。

项目计划评审技术图表如图 6-1 所示，除此之外，网上有许多形式的表格供你选择。你需要为每一个目标创建一个图表，从要求的完成日期往回画一条线。并将其呈现在纸上，以便自己了解各部分任务的完成日期，这样才能按计划完成整个任务。

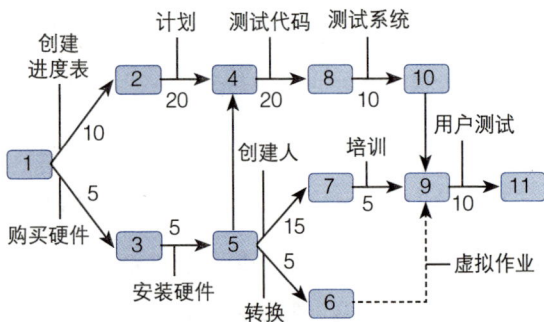

图6-1 项目计划评审技术图表示例

注：

①带编号的方框是节点，代表事件或时间表。

②方向箭头表示必须按顺序完成的相关任务。

③同一方框的箭头指向不同的方向（例如，1→2和1→3，5→6和5→7），表示可以同时执行的任务。

④虚线表示不需要资源的相关任务。

通过在纸上构思及绘制项目计划评审技术图表，你可以完全了解事件进行的顺序，并根据图表中指示的顺序完成相关的任务。此外，你还需要检查一系列任务，确保它们按计划完成并达到令人满意的质量水平。通过使用项目计划评审技术图表，你可以避免搞混各项任务的截止日期，也能掌控自己的工作和主要项目的进度。

如果你需要在月底之前完成某项工作，则可以给自己安排足够的缓冲时间，将完成日期设置为该月的 15 日或 20 日，以防出现意外的延误或其他问题。墨菲定律提醒我们：会出问题的事情都将出问题。

上级主管通常能够预料到工作中可能出现的某些问题、障碍、意料之外的延误，或者是无法按约

定的时间表完成工作的情况。这些都是企业运营中非常正常且无法避免的。你的工作是不断地关注项目的进展，解决问题、消除必然出现的障碍。当你开始使用项目计划评审技术图表时，你可能会惊讶自己完成了如此多的工作，同时也会发现各个步骤之间的问题或冲突少了很多。

◉ 为每位员工设定明确的目标

管理者要为每位参与项目的关键人物设立清晰的书面目标，这样就能通过良好的沟通和计划完成更多的任务。所设定的目标必须是清晰、明确、可测评的，同时也要为目标设定时间限制。请记住，所测即所得。没有截止日期的目标并不是真正的目标，只是一场讨论。

为了完成工作或项目的所有目标和子目标，管理者必须将责任分配给指定的员工。谁来执行此任务？什么时候需要完成此任务？达到什么质量标准？作为管理者，你要不断问自己这些问题。除非你已经清楚地说明了自己的要求，否则不要假设员工知道自己想要什么。

以美国通用汽车公司（General Motors Company）为例。2009年，美国通用汽车公司面临巨额的亏损，甚至是破产。而到2012年时，公司利润突破了49亿美元。美国通用汽车公司总裁丹·阿克森（Dan Akerson）表示，公司扭亏为盈的关键在于为公司内部各个级别的关键人物设立了明确的目标。在担任公司首席执行官之前，他发现整个公司的目标都较为模糊、不明确，大部分目标都未执行，因此很少能够实现。在设立了明确的具体目标之后，所有员工都确切地知道为保住工作和取得进步自己必须采取哪些措施。

请记住，管理者最出色的天赋就是思考能力，尤其是提前把问题想清楚的能力。在纸上进行思考和计划所花费的时间越多，你越能更快地获得更丰厚的成果。

第七章
列出每日"待办事项"清单

每日"待办事项"清单是一个非常强大的时间管理工具，你可以利用它做好一天的规划。

所有能够管理好时间的人都会做好书面计划，并按照自己规划好的清单开展工作。正如飞行员在每次飞机起飞前都要对照清单一样，高管为了提高工作效率，在每天开始工作之前，也都会花几分钟的时间列出当天的"待办事项"清单。但是，列清单的最佳时间是前一天晚上，这样在睡觉时自己的潜意识会根据列好的清单进行规划。早晨起床时，

你可能会有帮助自己实现清单中一些最重要目标的想法和见解。

在一天结束时，你要做的最后一件事应该是计划第二天的工作。一项针对 50 位工作效率较高的公司高管进行的研究表明，50 位高管中有 49 人表示，他们认为最有效的时间管理工具就是一张白纸——开始工作之前在白纸上写下自己一天所有要做的事情。

⏱ 保证充足的睡眠

许多人在晚上辗转反侧，想要厘清第二天要做的事情。你如果在睡觉前列好清单，整理好第二天需要完成的所有工作，晚上就会睡得更踏实，起床后也会精神焕发。

时间管理专家认为，虽然人每天大约需要 12 分钟才能列出一天的"待办事项"清单，但清单却能为你节省 10 倍的时间来提高工作效率。因此，如果你能花 12 分钟列出一天的"待办事项"清单，这将为你节省 120 分钟的工作时间，或者提升 10 倍的工作效率。一个如此简单的举动却能带来令人难以置信的回报。

◎ ABCDE 法则

当列好第二天的"待办事项"清单后，你可以根据 ABCDE 法则执行清单中的任务。

时间管理中最重要的词是结果。一项任务的重要性取决于执行或不执行该任务的潜在结果。这一法则表明，当你为清单中的所有任务设定先后顺序时，要始终从结果最重要的任务开始。这也是 ABCDE 法则最有用的地方。

首先，你要列出第二天要做的所有任务。然后，在开始工作之前，你需要在清单中的每项任务旁边分别标记出 A、B、C、D 或 E。

A 类事项是你必须完成的任务。这些任务尤为重要，因为它们无论完成与否都会产生重要的结果。把必须完成的任务标记为 A，不完成这些任务就没有履行当日的职责。

B 类事项是你应该完成的任务。执行或不执行 B 任务，产生的结果都比较重要，但不如 A 类事项的结果重要。但要记住，当 A 类事项未完成时，你不要开始执行 B 类事项。

C 类事项是做了会增光添彩，不做也没有任何后果的任务。与同事聊天、喝咖啡、处理电子邮件等虽然很有趣、很愉快，但是无论你是否做这些事，都不会对提升自己的工作效率有任何帮助。

罗致恒富公司（Robert Half）❶认为，许多员工把大约 50% 的工作时间都花在了 C 类事项上，但这些活动对工作没有任何价值。

人都是习惯的动物。工作效率高的人会养成良好的习惯，并用这些习惯支配自己的生活。工作效

---

❶ 罗致恒富成立于1948年，是一家人力资源咨询公司，专门为客户提供有关人力资源配给和风险管理方面的咨询服务。——译者注

率低的人会养成不良习惯，这些不良习惯也会支配他的生活。

许多人养成了上班时进行浪费时间、低价值、无价值的活动的习惯。他们一到公司，便找人聊天、看报纸、处理电子邮件，开始了一整天懒散的工作。

无论你重复做什么，都很快会成为自己的习惯。不幸的是，当今绝大多数人已经习惯将大部分时间浪费在对他们的业务或职业没有任何价值的活动上。千万不要让这种情况发生在你身上。

D 类事项是可以委托给其他人的任务。时间管理的规则表明，你应将任何可以委派的工作委派给他人，从而腾出更多时间专注于 A 类事项。职业生涯是否能够成功关键在于能否成功完成 A 类事项。

E 类事项是需要剔除的任务。毕竟，你需要先停止做没有必要的事情，才能更好地控制自己的时间。

人们很容易在工作和职业生涯中陷入自己的舒适区，因为自己已经习惯于以某种方式完成自己的工作任务。人们即使在被提拔到更高级别的岗位后，也仍会反复做一些不需要做的事情，或者一些其他人也可以做甚至做得更好的事情。

你要问问自己："如果我完全不参与这项任务，会发生什么？"如果对自己的事业和工作几乎没有影响，或者是完全没有影响，那么这就是你需要剔除的任务。

◉ 计划你的工作，实施你的计划

任何时候你都不要做不在清单上的事情。如果

出现新任务，请你在开始工作之前将其列入清单中并为其设置优先级。如果没有将新任务写入清单中，只是对那些无休止地占用自己时间的要求做出反应和回应，那么你将很快失去对时间的控制，把大部分时间花费在低价值或无价值的活动上。

采用任何时间管理系统都比完全没有时间管理系统好。许多智能手机上的应用程序可以帮助你管理时间，你也可以在电脑上安装一些时间管理软件。此外，你还可以使用随身携带并能随时更新的纸质时间管理工具，例如，记事本、便利贴、备忘录等。

你只需记住，在工作世界中，你唯一要交换的就是时间。确保自己把时间集中在最有价值和最重要的事情上，这些事情可以让你为公司做出最重要的贡献。

◉ "不该办事项"清单

你不仅需要"待办事项"清单引导自己度过忙碌而充实的一天，同样也需要一个"不该办事项"清单督促自己跟上进度。也就是说，你需要事先决定好哪些是无论有多大诱惑都不能做的事情。

正如南希·里根（Nancy Reagan）曾说："大胆说不！"你要对任何不能体现自己最高的时间价值的活动大胆地说"不"。

"不"是时间管理领域中最节省时间的字。一旦你敢于第一次说出这个字，说"不"这件事就会变得越来越容易。

请记住，周围的人是最浪费自己时间的人。当周围的人问你是否会做某事或能够提供某方面的帮

助时，你首先问问自己："这是我现在最有效的使用时间的方式吗？"

如果答案为"否"，那么你可以大方地回答他们："好，谢谢你找我帮忙。不过，请让我看一下日程安排。我会尽快与你联系，告诉你是否可以帮助你解决问题。"

你可以在一天后再与此人联系，告诉他"非常抱歉"，因为自己的工作太多了，而且截止日期马上到了，所以无能为力。然后再次感谢此人向你寻求帮助，告诉他也许下次你的日程表会有空闲时间。

请记住，你只有停止做低价值的事情，才能更好地安排自己的时间。换句话说，工作日程已经满了，你每天都需要处理满负荷的工作，已然很难完成自己当前的任务、履行自己的职责，更不用说每天都有额外的任务和职责。因此，你要敢于说"不"、早点说"不"、经常说"不"。这样一来，你才能够完全控制自己的时间。

第八章
设定明确的优先级

　　我从事时间管理的相关研究已有三十多年了，其间也阅读了数百本相关的图书和文章，听了无数的音频节目，还参加了许多次研讨会。我将自己了解到的有关时间管理的观点，编写成许多本书。这些书在世界各地都十分畅销。此外，我许多有关时间管理的观点也被制作成音频和视频学习课程，我还在全球范围内举办了多场关于时间管理的研讨会。

　　我发现时间管理的内容和方法其实很简单，归结为一点就是帮助你确定目前最重要的任务，然后帮你找到能够立即开始执行这项任务的工具和方法，以便你可以继续工作，直到完成。

我在上一章介绍了 ABCDE 法则，这是设置任务优先级最有效的方法之一。除此之外，还有其他一系列的方法可供选择。

🕐 帕累托法则

1895 年，意大利经济学家维尔弗雷多·帕累托（Vilfredo Pareto）总结出的帕累托法则（又称"二八定律"）似乎适用于人类活动的各个领域。在社会财富的积累方面，欧洲各国的 80% 的财富被 20% 的个人和家庭（被他称为"极少数"）控制着；在任务和责任方面，工作总价值的 80% 来自 20% 的工作。彼得·德鲁克则认为在任务和责任方面，适用 "一九定律"，即工作总价值的 90% 来自 10% 的工作。

因此，当你计划好每天的任务并列好清单后，你开始工作之前，请快速浏览任务清单并选择最能帮助自己实现最重要目标的 20% 的任务。假设你在某天的任务清单上列出 10 项要完成的任务，那么你就要从其中选出 2 项任务，这 2 项任务的价值之和超过其他任务的价值总和。

你是否能够清楚地找出这 2 项任务，并首先完成这 2 项任务，这也在很大程度上决定了你在事业上能否获得成功。

🕐 施加压力

施加压力是另一种设置优先级的方法：在制订一天的任务清单时，你先问一下自己："如果从明天开始我要出差一个月，在出差之前我一定要完成清单上的哪些任务？"

如今，时间管理和个人工作效率的最大敌人是专注于次要任务。每个人都会很自然地选择障碍最少的路线，并且习惯于待在自己的舒适区，所以人们在一天开始的时候，会先着手做那些小的、轻松的、有趣的、愉悦的、不重要的任务和活动。但是，当这些成为你每天前几个小时的工作习惯后，你在接下来的几个小时中也会继续遵循这种模式。一天结束后，你可能会发现自己把所有的时间都花在了不重要的任务上，这意味着你只完成了少部分的任务，并且也无法创造任何真正的价值。

⏰ 完成更多重要的任务

还有一种设定任务优先级的方法是激励。假设星期一早上上班的时候，领导跟你说，他刚刚赢得了双人头等舱机票，可以去一个美丽的度假胜地带薪休假。但他太忙了，且机票就要到期了，星期二早晨必须出发，所以他无法享受这份奖品。于是，你的领导跟你做了笔交易。如果你可以在星期一晚上完成所有最重要的工作，他就把这个超棒的免费旅行的机会转赠给你和你的配偶。

当面对这种激励时你会怎么做？你可能会惊讶

自己可以在一天内完成这么多的工作，也可能会率先完成整个星期计划中最重要的 20% 的任务。

有了这种激励，你甚至不会浪费一分钟的时间，也根本不会花时间与同事闲聊。你会尽早开始工作，甚至会利用喝茶休息和午饭的时间工作，一心一意地专注于完成最重要的任务。这会让你在一天之内成为公司里工作效率最高的员工之一。

你可以尝试用这样的练习锻炼一下自己。这个练习说明了一个事实，一个人的工作效率和有效性很大程度上取决于自己的选择。有了足够的刺激，你甚至会发现自己的工作效率在几分钟之内就能有惊人的提升。有了外部足够的刺激和内在坚定的决心，你可能会立即成为公司里最有价值的员工之一。

🕐 三原则

值得你花时间和金钱去读本书的最大原因就是这条原则。这是我多年来与数千名高管和企业家合作后总结出的惊人发现。三原则指出：无论一星期或一个月内要完成多少不同的任务，其中3项任务能贡献的价值占所有任务总价值的90%。

假设你列出了自己的月任务清单，上面可能会包含20项、30项，甚至40项不同的任务。但是，如果你逐项仔细地查看任务清单，那么你会发现整个任务清单中有3项任务贡献的价值占所有任务总价值的90%。

那么，如何确定你的三大任务呢？方法很简单。首先，列出每月的第一天到最后一天，甚至全年所有要完成的工作任务；然后，回答以下 3 个问题。

（1）如果你一天只能完成此清单上的一项任务，那么哪一项任务将为自己的业务贡献最大的价值？你如果能够找到这项任务，就会知道自己最重要的任务是什么。你和周围的人也都会清楚地知道这项任务是什么。请圈出这项任务。

（2）如果你一天只能完成此清单上的两项任务，那么对自己的业务贡献从大到小排名第二的是哪项任务？通常，你也能够很快地找出这项任务。虽然这可能需要花点时间去思考，但是答案通常很明显。

（3）如果你一天只能完成此清单上的 3 项任务，那么对你的业务贡献从大到小排名第三的是哪项任务？

当思考这 3 个问题的答案时，你会清楚地看到，这 3 项任务几乎能够贡献所有任务价值总和的 90%。因此，启动、完成这 3 项任务比其他任何任务都重要。

重要的是，如果你不知道这 3 个问题的答案，那么你将面临严重的麻烦，极有可能正在工作中浪费自己的时间和生命，一直都在做一些低价值和无价值的任务。

不管是由于什么原因，你如果不知道这 3 个问题的答案，可以去找你的领导，询问他在你的工作中他认为贡献最大或价值最大的 3 项重要的任务是什么；也可以问问你的同事或配偶。但是无论怎样，你都必须清楚地知道这 3 个问题的答案。

🕐 传递

你一旦确定了自己的三大任务，就必须帮助自己的下属也清楚地知道他们的三大任务。你能够为员工做得最慷慨最善良的事就是帮助他们弄清楚他们最重要的任务，从而让他们为企业做出最有价值的贡献。

在管理良好的部门或公司中，员工都确切地知道自己需要完成哪些任务才能为公司贡献最大的价值。同时，每位员工都知道其他员工的三大任务是什么。每天，所有的员工都会以独自工作或合作的方式完成这三大任务中的一项或多项。

被快思考主导的员工虽然也会对当下的需求和压力做出反应和回应，但总是偏离他们最重要的任务。但作为管理者的你不应如此。

在开始工作之前，请你花一些时间慢慢思考，找出自己最重要的任务，然后开始执行该任务，把所有其他外来影响都排除在外。

第九章
保持正轨

"现在，我如何才能最有效地利用自己的时间？"

这个问题对于任何形式的时间管理而言都是最重要的问题，所以你要一遍又一遍地问自己，直到这个问题能够自动激励并驱使你专注于最有价值的任务或活动。当你围绕这个问题的答案来安排自己所有的时间和工作活动时，你会惊讶自己的工作效率如此之高、提升得如此之快。

有时我会问听众："你最有价值的金融资产是什么？"

他们仔细思考后，会给我若干个答案。但在我看来，他们最有价值的金融资产实际上是他们的赚钱能力。在工作中，你财务价值的 80%~90% 都源自你赚钱的能力。

要把自己视为"赚钱机器"，这样一来，你做的所有任务都会贡献一定的价值。你需要做的就是专注于自己最宝贵的时间，并约束自己集中精力完成那些对自己的工作和公司有最大价值的少数任务。

⏱ 生活方式原则

最有价值的利用时间的方式也适用于生活的方方面面。当工作极其辛苦的时候，最有价值的利用时间的方式就是早早回家睡个好觉。有时，最有价值的利用时间的方式就是与生命中重要的人见面。有时，最有价值的利用时间的方式是好好照顾自己的身体，多吃健康的食物、花时间定期锻炼、适当休息和放松，让自己呈现最佳的状态。有时，最有价值的利用时间的方式是陪伴家人或者读一本好书而不是看电视。在其他时间，社交则是最有价值的利用时间的方式。与你喜欢的家人和朋友聚在一起，从而让自己放松身心、释放压力。

对你而言，最重要的是要不断反思"我现在最有价值的利用时间的方式是什么"；然后，无论答案是什么，都要约束自己开始并完成该任务。当你开始将这一建议融入你的时间管理方式和一天的生活时，你将成为同辈人中最高效的时间管理者之一。

🕐 重要任务与紧急任务

就设置任务的优先级而言，实际就是区分"重要的少数"与"次要的多数"，因此你可以将自己每天要完成的所有任务分为 4 类。你如果能够恰当地对这些任务进行分类，就可以极大地提高工作效率，根据任务的重要性与紧急性，可以将它们分为四类。如图 9-1 所示，重要任务指的是会对自己的职业生涯产生长期影响的任务，紧急任务是无法延迟或推迟的任务。

紧急

| 紧急不重要 | 重要且紧急 |

重要

| 不紧急不重要 | 重要不紧急 |

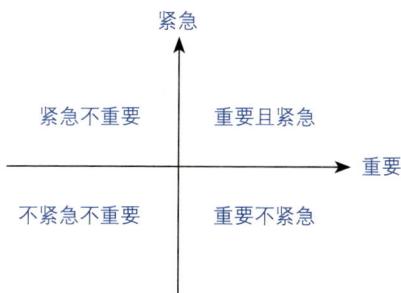

图 9-1　重要 - 紧急四象限图

■重要且紧急的任务

重要且紧急的任务是"在你面前"的任务，指的是那些由于外界的时间要求，为了保持工作状态，必须立刻开始和完成的任务。也就是说，如果你有客户要拜访、有要完成的任务以及要求自己参加的活动，那么你必须去拜访、必须做这些任务、必须去参加活动。大多数人将工作时间花在重要且紧急的任务上。

重要且紧急的任务就是你最重要、最优先要完成的任务。

■重要但不紧急的任务

第二类任务是重要但不紧急的任务。至少在短期内，这些任务可以稍作延迟或拖延。例如，月底之前，你需要编写、核准、提交一份重要报告，这就是一个重要但不紧急的任务。再比如，大学的期末论文也是这类任务，虽然它对于你学期末的成绩至关重要，但它可以推迟到几个星期或几个月后完成，实际上也经常会被推迟。（大多数学生会在期末论文截止日期的前一天晚上完成。这样的话，一项重要但不紧急的任务就变成重要且紧急的任务。）

在一生中你会面临各种重要但不紧急的任务。

阅读所在领域的重要书籍、参加其他课程、提高能力等对你取得长期的成功都至关重要，但这些都不是紧急的任务。因此，面对这些任务，你会一直拖延。但不幸的是，大多数失败或不太成功的人推迟了提升自己能力的时间，以至于他们被那些更有决心、更有进取心、希望获得更大回报和承担更多责任的人超越。

简单的运动对你的健康很重要，但并不是紧急的任务，因此你也可以推迟很长时间，而且大多数人都是这样做的。医生说，人们如果在成年后长期保持健康的饮食和运动，就可以避免以后生活中85%的主要健康问题。

■紧急但不重要的任务

可能会有人到办公室找你、打电话或发消息或发电子邮件给你，但是回复他们对你的业务或工作几乎没有任何价值。这些就是紧急但不重要的任务。人们往往认为，因为他们是在工作时间从事这些活动的，所以这些活动应该有一定的价值。但是，他们只是在自欺欺人地做一些与自己工作无关的活动，每天花费将近一半的工作时间。这类活动虽然轻松有趣，但对工作完全没有贡献。这些活动大多是与同事闲聊，因此价值较低，甚至毫无价值。

■不紧急也不重要的任务

人们在工作中从事的第四类任务是既不紧急也不重要的任务。许多人在工作时间从事的活动对自己或公司都没有任何价值，例如，阅读垃圾电子邮件或者浏览体育新闻、购物网站等，这些都是既不紧急也不重要的任务，有的甚至完全是在浪费时间，对生活也毫无意义。

⏰ 养成良好的工作习惯

人最大的悲剧是你重复做的事情会很快变成你的习惯，而且习惯一旦养成，就很难改掉。许多人养成了将大部分时间花在低价值或无价值活动上的习惯，然而当他们有一天被解雇或错失晋升的机会时，他们又会感到异常的惊讶。

管理好时间的关键是设定任务的优先级，并着手完成紧急且重要的任务。一旦完成了这类任务，你就要立即开始处理那些重要但不紧急的任务。重要但不紧急的任务通常是那些从长远的角度能够有效地促进你的职业发展的任务。

第十章
确定自己的关键结果领域

你应该认识到提高工作效率最关键的是要全天都集中精力完成那些对自己而言最有价值和最重要的任务。

一个人是否清楚自己的关键结果领域（Key Result Areas，简称 KRA）❶，对于其提升执行效率和工作效率至关重要。你的关键结果领域是那些自

---

❶ 指为实现企业整体目标，不可或缺的、必须取得满意结果的领域。——译者注

己被聘请去做的事情，也是你为企业贡献价值的首要处理事项。这些任务是否完成，决定了你是否履行了对公司和对自己的责任。

公司雇佣你是为了完成哪些主要业绩？换种问法："公司为什么付给你工资？"这是你应该每时每刻都在反问自己的关键问题，尤其是在时间紧且任务繁重的情况下。

关键结果领域具有以下 3 种独特的特性。

（1）为了履行工作的职责而必须非常积极完成的事情。

（2）你需要 100% 负责的事情。如果你不亲自完成，那么没有其他人能够代为完成。

（3）完全在自己控制之内的事情。你不需要他人的协助或参与即可完成这部分的工作。

你如果不确定自己的关键结果领域究竟是什么，那么去找你的领导，问他："你究竟为什么付给我工资？"

令人惊讶的是，大多数领导也不知道如何回答这个问题。他们从来没有想过为什么要付给员工工资，甚至也没思考过为什么公司会付给他们工资。当你提出这个问题并迫使领导思考其答案时，你的工作会更有成果、更有效率。

🕐 持续跟踪

关于关键结果领域的第二个问题是："只有我能做，并且做好了会对公司产生真正的积极影响的事情是什么？"

实际上，你对这个问题的回答，几乎每天甚至每个小时都不一样。

在你的工作中，有些事情只有你可以完成。如果你不做，那么没有其他人能够替你完成；如果你能够出色地完成，这将对你的工作和公司产生巨大的影响。这些具体的活动能够为你的工作贡献最大的价值。为了能够发挥出自己的最佳水平，你必须非常清楚哪些活动相比于其他活动更有价值，并且只有你才能出色地完成。

请记住，也许你有一百件可以出色完成的小事，但这对你的成功或对你为公司做的贡献不会有多大帮助。

一方面，专注于关键结果领域是释放效能、力量、说服力、热情和能量最直接的方式。你能够从

完成对自己和公司都很重要的任务中获得巨大的自信和个人力量。

另一方面，在注意力分散的时代，如果你做某些事时会感到自卑、受挫和沮丧，这是因为你心里明白这些事情对实现你的主要目标几乎没有任何帮助。

⏰ 定义自己的关键结果领域

任何工作的关键结果领域都在 5~7 个。每个关键结果领域都是你完全履行工作职责所必须完成的特定任务。

例如，如果你是销售人员，那么你的关键结果领域具体如下。

（1）寻找潜在客户（即寻找新客户并与之交谈）；

（2）与潜在客户建立信任和融洽的关系，以便他们可以倾听你的声音；

（3）准确识别客户需求；

（4）有说服力地向客户展示自己的产品；

（5）明确回答客户的疑问；

（6）果断成交；

（7）获得满意客户的回购和推荐。

作为公司的销售人员，你只有完成以上所有任务，才能履行自己的职责。

如果你是经理，那么你的关键结果领域具体如下。

（1）规划（决定到底要做什么）；

（2）组织（为实现计划召集所需的人员、金钱和资源）；

（3）招聘（为了实现目标，寻找合适的人与自己合作）；

（4）委派（确保下属清楚地知道他们应该做什么、什么时间完成、达到什么样的质量水平）；

（5）监督（确保每项工作按计划完成并达到要求的质量水平）；

（6）评测（为所需完成的重要任务设定标准、基准以及时间表）；

（7）报告（确保自己的领导、同级、下属都清楚地知道你所要完成的工作和要履行的职责）。

你在工作管理和生活中遇到的所有问题，90％以上是由于某一个关键结果领域的"失误"。就好像你在厨房里做一道菜，却发现缺少菜谱中的一项重要原料，因此这道菜的味道就不如原本设想的那么好。

⏱ 清晰的思维至关重要

一个组织中，各个级别的员工都应该知道自己的关键结果领域是什么，并确保自己的下属也都清楚他们可以为组织做出的最有价值的贡献是什么。作为管理者的你能为下属做的最大好事就是帮助他们了解自己可以做的最有价值和最重要的事情是什么，然后帮助他们按时实现这些目标。

无论你在组织中处于什么位置，都需要了解两件事。

第一，领导的关键结果领域是什么？领导必须

完成哪些最重要的任务才能确保公司的发展和成功?

如果你不知道这些问题的答案,那么你无法帮助领导完成工作,这对你个人的成功也非常重要。

第二,你需要知道自己的关键结果领域是什么。同时,你的每一个下属也必须知道这个问题的答案。他们还必须知道他们自己的关键结果领域(按重要性排序)是什么,以及需要何时完成。

第十一章
委派工作

对于管理者来说，最好的时间管理工具之一就是安排别人完成全部任务。现代管理的重要技能之一，就是将低价值的任务委托给时薪较低或工资较低的人完成。

有些任务如果其他人能做得和你一样好甚至比你更好，那么所有这样的任务都应该被委派出去。"70%原则"指出，如果其他人能把一项任务的70%完成得和你一样好，那么你就要立刻放手，将这项任务委派给他完成。

🕐 提升个人价值

委派工作可以使你的工作内容从完成任务转变为管理任务。因此，这项技能不仅可以充分利用你的才能和技能，也能够利用所有承担该任务的员工的才能和技能。

你会不停地面临"自己完成任务，还是把任务委派给他人"的选择。如果想要提高个人的工作效率，那么你需要选择后者，并不断思考"除了我之外，还有谁能胜任这项工作"。

🕐 委派工作是一项可以学习的技能

你要学习适当的委派工作的技巧：选择合适的

人去处理各项任务，并分别告知他们时间表、截止日期、绩效标准和审查时间表。

此外，如果你的职责需要解决问题和做决定，那么你也可以将此委派他人完成。你可以委派他人收集和研究信息，也可以把任务委派给任何能够和你完成得一样好（或几乎与你一样好）的人。

委派工作这一技能很容易掌握，当你学会了这些技能后，你的职业生涯将没有实现不了的目标。但是，如果无法有效、妥善地委派工作，那么你会一直面对有太多事情要做但时间又太少的局面。最终，你几乎都在做一些低价值或无价值的事情，也永远无法完成工作，不能掌控自己的工作。因此，这会对你的职业生涯产生不良影响。

值得庆幸的是，所有业务技能都是可以学习的。

通过不断反复地实践，你能掌握本书中介绍的所有方法。你不仅能够极其出色地管理好自己的时间，也可以在未来数月和数年内 2 倍或 3 倍地提升自己的工作效率。

第十二章
集中精力

要想实现丰功伟绩，就必须集中精力，一次只做一件事。专心致志意味着，你一旦开始做最重要的任务，就要下定决心坚持下去，不会转移注意力或分散注意力。能够一心一意地专注于把时间花在最重要的任务上是成功的第一要务。

虽然你可以用智力、能力和创造力来满足成功的其他所有要求，但你如果不能一次专注于一件事，那么终究也不会成功。你需要先做最重要的事，并只做这一件事，一点儿也不要涉足其次重要的事。

如果不约束自己，那么你会发现自己总是在做一些不重要的事情。

始终留出足够的时间处理最优先的任务。你要计算出完成某一工作需要多少时间，然后预留 30% 的缓冲时间，以防止遇到意外的干扰和紧急情况。加上 30% 的缓冲时间后，你便可准确地计算完成某一工作所需的必要时间。这也是提升个人工作效率的秘诀之一。

厄尔·南丁格尔（Earl Nightingale）曾说："生活中所有伟大的成就都需要长期、持续的专注。"

🕐 练习"一次只做一件事"

"一次只做一件事"是一个很重要的时间管理技巧，也是最重要的生活管理原则。它要求你一旦开

始一项任务，就只做这一项任务，直到 100% 完成。"一次只做一件事"这一原则要求你不能一遍又一遍地开始又停下同样的任务，转而去做另一项任务，然后再回来继续做这项任务；而是应该一旦着手做，就要约束自己在完成这一项任务之后，再开始下一项任务。

"一次只做一件事"的原则也同样适用于电子邮件处理。即立即取消不重要的项目，一次只处理一封重要的电子邮件，要么归档，要么立即回复。

"一次只做一件事"原则由时间管理专家阿兰·拉金（Alan Lakein）提出。该原则源自有关时间和运动的研究，研究涉及了两种人——专心于一次只做一件事的人和完成任务时三心二意，断断续续地做某项任务的人，并对比了二者的产出。该研究表明，当未完成某一任务就转向其他任务时，你会失去工作的动力和节奏，也不知道自己在做这项任务时做了些什么。当又回头做这项任务时，你别无选择，只能先回顾以前的工作，找回中断时的进度，然后重新开始。这个过程需要的时间是完成一项任务所需时间的 5 倍，你如果已经开始了这项任务，就要坚持到全部完成为止。

简单地说，"一次只做一件事"可以帮助你少花80% 的时间完成一项重要任务，并能显著提高已完成工作的质量。

⏱ 避免同时处理多项任务

如今，围绕"同时处理多项任务"这一概念仍有很多争议。有些人认为一次完成多项任务能够极大地提升自己的工作效率。而现在的研究证明，这种想法是完全错误的。

专家发现，同时处理多项任务实际上是"任务转移"。事实是你一次只能做一件事。你如果停止执行一项任务而去做另一项任务，就必须将所有注意力和精力转移到新任务上。当回头继续执行前一项任务时，你又需要转移注意力，就像把光束从一个目标指向另一个目标一样。然后，在重新开始之前，你必须加快处理当前任务的速度。根据《今日美国》（*USA Today*）的报道，每当你的工作内容从一项任务转移到另一项任务，然后再回到前一项任务时，这都会消耗你一定量的大脑能量和智商。在一天结束时，由于这一天同时处理多项任务，你可能会损失多达10点的智商，即你的智商在逐渐下降。所以，在一天结束时，你会感觉筋疲力尽，即便很小的事情你也会犹豫不决，例如，晚饭想吃什么或者晚上看什么电视等。

同时处理多项任务虽然听起来很诱人（好似节约了时间），但实际是在投机取巧地利用时间。这样反而会对自己的职业生涯产生破坏性的影响，也会削弱自己完成最重要任务的能力，而这正是所有成功的基础。

决定集中精力

今天就下定决心，养成一种习惯：仔细计划工作，设置优先级，最先执行最重要的任务。一旦开始执行首要任务后，就下定决心一心一意地工作，不转移、不分散自己的注意力，直到该任务完成为止。

想要做到专心致志的另一个关键是避免分心。不要每一封电子邮件、每一通电话都回复，而要消除一切打扰。请关上门，关闭所有电子设备，暂时抛开其他所有事情。这样一来，你就可以专注于完成一项对公司和自己职业生涯都会产生最大影响的任务。当你养成这种习惯时，你的工作效率和绩效几乎可以很快提高 2~3 倍。

第十三章
克服拖延症

有人曾说："拖延症是时间的小偷。"在我主办的一次研讨会上，一位智者延伸了这一观点，他说："拖延症是生命的小偷。"

你是否能够克服拖延症、是否能按时完成工作，是决定你职业生涯成败的关键。

然而，事实是每个人都会拖延。现在，每个人都要在很短的时间内完成较多的任务，如果每个人都拖延，那么工作效率高的人和工作效率低的人之间有什么区别呢？

答案很简单。工作效率高的人拖延的是那些低价值或无价值的任务，工作效率低的人拖延执行的是那些对公司和个人职业发展都具有重大价值的任务。为了最大限度地提升自己的工作效率，你必须从今天开始下定决心进行"创造性拖延"。

有意识地、谨慎地决定要推迟执行哪些任务。你要查看当天的工作任务清单，然后找出几项在其他更重要的任务完成之前不会开始的任务，推迟其开始执行的时间。你必须有意识地、谨慎地确定这些任务是什么，而不只是无意地、自动地拖延时间。

我们总是倾向于拖延最重要或者最费时费力的任务，但这些任务通常也是最有价值的任务。你可以使用一系列方法来克服或者至少能够控制拖延症。现在，市面上有一系列关于克服拖延问题的图书（其中有一本或两本是由我写的），书中介绍了一些你可以立即效仿的好办法。

改变思维模式

"现在就做！"

这也许是对于提高工作效率最有效的词语了。每当发现自己在拖延完成一项重要的任务时，你都要充满活力和热情地不断对自己说："现在就做！现在就做！现在就做！"

令人惊奇的是，当你重复这句话10遍、20遍，甚至100遍之后，你会发现自己已经可以无意识地强迫自己坚持完成最重要的任务，然后再执行其他的任务。

🕐 完成较大的任务

亨利·福特（Henry Ford）曾经写道："任何目标都可以分解成足够小的若干部分。"

你如果能将重要的工作分解为足够小的若干部分，就可以完成所有的重大任务。最好的方法之一就是将大的任务分成容易完成的若干部分。你可以在一张纸上，列出自己要做的每一小部分的任务，并按照从第一项小任务到最后一项小任务的顺序进行排列。

然后，约束自己从清单上的第一项小任务开始做。有时，如果下定决心完成了大任务的第一步后，就会很容易完成第二步、第三步和第四步等。有时强迫自己开始完成一项主要的任务会使自己有足够的动力和能量完成整个大任务。将任务分解成容易完成的若干部分可以克服拖延症。这种方法被称为"香肠切片法"。就像你不会一口吃掉一整根香肠一样，不要尝试在一个时间段内一下子完成一项大任务。而是要像把香肠切成片一样，每次"切下"一小部分来分解任务的大小。这样一来，你就会下定决心在做其他事情之前先完成这一小部分任务。

每当你想要开始执行主要任务，特别是要被其他紧迫的事情压垮的时候，你就下定决心一次完成一项小任务。通常，用这种方法完成了第一部分的任务后，你会更容易完成后续部分的任务。

◉ 培养紧迫感

紧迫感是工作领域中最稀有、最有价值的人文素质之一。据估计，只有约2%的人能够迅速行动并完成工作。当你因"以行动为导向"且能迅速完成工作而出名时，你将迈入职业生涯的"快车道"。

当300名首席执行官被问到员工要怎样做才能在公司快速取得进步时，他们中有85%的人给出了相同的答案。他们认为员工最重要的素质是：设定任务优先级的能力，以及着手执行最重要的任务并快速、良好地完成任务的能力。

当你因着手执行最重要的任务且能够迅速又出色地完成而享有盛誉时，你会为自己即将迎来的大好机遇感到惊讶。

第十四章
划分时间块

你需要连续的工作时间段才能获得最大的成就。你的工作越重要，就越有必要为重大的项目设定时间块。

如果你至少需要 60~90 分钟才能完成一些有价值的任务，那么你可以花费大约 30 分钟的时间将精力集中在完成一项复杂的任务上，例如，准备提案、报告，甚至是计划一个重要的项目。一旦投入任务，你就可以全神贯注地以高度的创造力来完成接下来60 分钟或更长时间的严肃的工作。

⏰ 不要把创造性任务与管理任务混在一起

你不能将创造性任务与功能任务即管理任务混为一谈。你不可能真正地同时执行管理任务和创造性任务。这些任务需要快思考或者慢思考，但不是两者都需要。办公室活动（也就是管理任务）需要快速、短期思维，而创造性任务需要仔细思考、计划和应用。

你要将创意时间视为你的"内部黄金时间"，将操作时间视为"外部黄金时间"，并且不能将二者混淆。除非在办公室门上贴上"请勿打扰"标志，否则你无法在一般的办公环境中进行需要集中精力完成的大型的创造性工作。此外，你还需要创造性地找到从工作环境中解脱出来的方法，这样你才能完成对自己的职业生涯起决定性作用的任务。

◉ 如何划分时间块

在以下列举的划分时间块的一些建议中，任何一条都可以极大地帮助你提高自己的工作效率和业绩。

◉ 寻找合适的时间

首先，你可以在早晨精力最充沛、最清醒的时候工作。许多工作效率很高的商界人士会约束自己在前一天晚上早点上床睡觉、然后在 5:00 或 6:00（24 小时制，下文同）起床，这样在走进办公室之前他们可以连续工作 60~90 分钟。即使你到办公室的时间有点晚，如果能够不间断地工作 90 分钟那么也能够完成其他人在办公室里工作 3 个小时的任务。

其次，你还可以利用的另一个时间段是午餐时间。这是一个提高工作效率的绝佳机会。在其他人不在办公室吃午饭时，你可以关闭手机、关掉网络连接、消除一切其他的干扰。这样，你可以获得连续 60 分钟的安静时间，在这段时间内专心致志地完成一些最重要的任务。

请勿打扰

你可以使用的另一种方法是每天在特定时段内关闭办公室的门，在此期间专心地处理最重要的任务。许多高管会准备一个"请勿打扰"的标志牌，并将其挂在办公室的门把手上。当这个标志牌挂在门把手上时，大家都知道除非是真正紧急的情况，否则任何人都不能打扰你。

我的财务主管是一位才华横溢且能力出众的女士，她曾向我抱怨说，自己不停地受到不同人的打扰，导致她无法完成细致的会计工作，也无法按时提交财务报表和报告。因此，我建议她在办公室门上贴上"请勿打扰"的标志，并在早上和下午不间断地各工作一小时，这种做法改变了她的工作状态。后来她告诉我，在这样做的几天之内，她完全赶上了工作进度。更重要的是，她发现，工作中的所有干扰都没有重要到一定要立刻停下手头的工作去应付。

🕐 获得额外的时间

这里再分享一个十分简单有效的方法，几乎所有晋升很快的高管都使用这种方法——早点起床，比其他所有人早一个小时到办公室。你可以用这一个小时的时间安排自己一天的工作，并在没有任何干扰的情况下开始工作。再利用午餐的时间工作一个小时，这样就能额外增加一小时的产出。最后，在其他人下班回家之后，再工作一个小时，利用这段时间结束一天的工作并完成最重要的任务。

这是一个了不起的方法！通过用这种方法调整自己一天的安排，不仅可以让你在上下班时避开交通拥堵，也能在每个工作日增加 3 个小时的工作时间。这样一来，你完成的工作量是普通人在正常工

作时间的 2 倍、3 倍，甚至是 5 倍。使用这种方法，你可以使自己的业绩翻倍，彻底改变自己的职业生涯。

　　请记住，你是一个有天才素质的人。你应该在划分时间块这方面发挥自己的创造力，让自己做更多的事情，并开始在职业生涯中更快地前进。

第十五章
控制干扰

意外和计划外的干扰是工作中最浪费时间的因素。这些干扰的形式可能是电子邮件、电话铃声、短信消息，或者是需要与走进自己办公室的人交谈。

事实证明，在工作中最浪费时间的因素是人。许多人花在与同事闲聊上的时间占其工作时间的一半以上。他们从早上开始工作时，就与同事聊天，一直能持续两三个小时。在许多环境中，很多员工直到 11:00 才真正开始认真工作，然后很快就到了午餐休息的时间。午餐后，他们回到办公室继续和

同事们闲聊，直到 13:30 或 14:00 才重新开始认真工作。

🕐 工作时间一直工作

你要遵循"工作时间一直工作"的原则。当进入工作场所后，你就立即开始工作，请勿与他人聊天、阅读报纸或上网。前一天晚上已经计划好了当天的工作内容，因此你要立即开始执行最重要的任务，逐项完成所有任务，直到完成所有计划的工作。

🕐 直奔主题

你要尽量避免电话的干扰，不论是给别人打电话，还是接到来电，都要开门见山、直奔主题，不要浪费时间。

在给别人打电话之前，你要迅速写出自己想在电话中与他讨论的问题，可以直接说："我知道你有多忙，但我有3个问题需要与你讨论，讨论完就不打扰你了。"当接到别人电话时，可以这样说："你好，很高兴听到你的声音，我能为你做什么呢？"这种方法既礼貌又专业。大多数忙碌的商务人士都会感谢你直奔主题，与你尽快讨论完问题，然后挂断电话。

当有人来到你的办公室聊天时，你也可以说："虽然我现在很想与你交谈，但是我真的要继续工作了，因为我必须在今天下午完成手头的任务。"

每当你说出"我要继续工作了"这句神奇的话时，

对方就会识趣地离开。

⏰ 正确接待来访者

为了最大限度地减少意外干扰所耗费的时间成本，当员工进入你的办公室时，你要立刻站起来并走到他身边，说："我正准备出门，我能为你做些什么呢？"

然后，你与这个人一起走出办公室，走到走廊和他交谈并倾听他的想法。当他讲完后，你让他继续工作，这样你也可以去趟洗手间，然后回到办公室继续工作。

另一种方法是将外来访客带到单独的会议室，而不是将他们带到你自己的办公室。然后，在讨论开始时，你可以礼貌地设置谈话的时限，例如，跟访客说："15:15 我要和英国伦敦的经理开一个重要的电话会议。我相信，到那时我们应该可以谈完我们要讨论的内容了。"

彼得·德鲁克在他的《卓有成效的管理者》（*The Effective Executive*）一书中指出，人们不仅浪费自己的时间，还浪费其他人的时间。他建议大家要敢于去问其他人："我做的哪些事情是在浪费你的时间？"当你希望他人能够非常坦诚地回答这个问题时，你就会听到能够帮助他人和自己提升工作业绩的想法。

第十六章
批处理任务

　　批处理任务指的是同时处理多项类似的任务。你做的所有任务都有一条学习曲线,当你连续完成一系列类似的任务时,学习曲线可以让你完成第5个类似的任务所需的时间减少80%。例如,你可以批量地连续回复电子邮件这类任务;你也可以批量处理电话事务,连续回复所有电话;你如果需要拜访许多人,就要一个接一个地连续去拜访。一次完成所有类似的任务,而不是现在完成一项任务,之后再完成另外一项。

🕐 不做电子邮件的仆人

你处理电子邮件的方式将对你的职业生涯产生重大的影响。有些人是电子邮件的仆人，每当收到一封新电子邮件，提示铃声响起时，无论在做什么，他们都会立即点开收件箱查看。实际上，他们这是在切换任务。等到他们看完电子邮件再回到正在做的事情上时，他们却发现自己在最重要的任务上已经失去了动力、清晰度，也不会取得太多的工作成果。

蒂莫西·费里斯（Timothy Ferris）在他的畅销书《每周工作 4 小时》（*The 4-Hour Workweek*）中，介绍了他从电子邮件的仆人——每天花 12~14 个小时处理电子邮件——转变成完全掌控电子邮件的过

程和方法。开始时，他决定每天只在 11:00 和 16:00 这两个时间点回复电子邮件。后来，他从一天两次回复电子邮件减少到一天一次，甚至是一星期一次。即使每星期回复一次电子邮件，他的工作效率、业绩和收入也有所增加。

时间管理专家朱莉·摩根斯特恩（Julie Morgenstern）写了一本书，叫作《永远别在早上查电子邮件》（*Never Check E-Mail in the Morning*）。这个书名和想法让大多数人感到震惊。

🕐 他们可以等

我认识的工作效率最高的一群人会对电子邮件

设置自动回复。自动回复的内容大致是这样的："由于工作很忙，我每天只回复电子邮件两次。如果您给我发送了电子邮件，那么我将尽快与您联系。如果是紧急情况，那么请拨打该号码与我联系。"

一位忙碌的记者讲述了他的故事。他去欧洲出差整整两个星期，无法查看自己的电子邮件。当他从欧洲回来后，他发现有700多封电子邮件等他回复。他知道，要阅读700封电子邮件将花费他很多小时甚至几天的时间。因此，他深吸了一口气，按下"全部删除"键。

他的想法很简单。他说："这些人向我发送电子邮件，希望我能立即回复。但我拒绝成为任何人的仆人。此外，如果其中有一些很重要的电子邮件，那么发送这些电子邮件的人一定会再发一次。"

他是对的。他删除的电子邮件90％都只发送了一次，而那些重要的电子邮件几天之内就再次收到了。

你要下定决心不让电子邮件控制自己的生活，就像不能是尾巴摇着狗一样，本末倒置。相反，你要训练自己将电子邮件当作业务工具。快速而切题地进行回复。你可以每天只查看电子邮件两次，甚至更少。周末的时候最好不要收发电子邮件，而是花更多的时间与家人和朋友相处，或者处理一些自己的私事。

好消息是你可能永远不会错过重要的信息。

第十七章
管理电话

电话可以成为你出色的仆人，也能成为你可怕的主人，尤其是当铃声响起你不得不接听的时候。为了最大限度地提升工作效率，你必须学会摆脱电话的干扰，以免成为任何给你打电话的人的仆人。

控制电话的最佳方法是将所有电话都先转接给秘书进行筛选，否则请让手机保持静音，把电话转接到语音信箱。很少有电话或信息紧急到不能等你更方便的时候再去处理。

好奇心是让我们成为分散注意力的仆人的原因

之一。我们无法阻止自己想知道谁在电话的另一端，抵制这种诱惑的唯一方法是将手机静音，这样就听不到铃声了。无论你与下属、领导或客户何时开会，你都要让手机保持静音，避免任何干扰。很少有事情会经不起等待。

与另一个人不受干扰的交谈 10 分钟，比在 30 分钟或 40 分钟的交谈中电话铃声响个不停、一直接电话更有效率。你可以在谈话结束后，再一个接一个地回电。

◉ 集中处理电话

你如果必须在一天中打很多电话，那么可以集中在一个时间段进行。腾出一大块时间，避免其他的干扰，列出名单，只给名单上重要的人打电话。在打之前，你要写下需要拨打电话的每个人的姓名、电话号码和通话主题。

你要像安排和领导见面那样认真地安排电话时间。你如果要打一通很重要的电话，那么请事先写下电话议程，以便在通话中能够谈及议程中的全部内容。没有什么比在和一个很难联系到的人的重要电话结束后，你发现自己因为没有事先把要谈的重要内容写下来而忘记在电话中谈及更让人恼火的了。

🕐 保持礼貌和专业素养

当你给他人打电话时，请始终先询问对方："您现在方便聊聊吗？"高管通常都会用这样礼貌而专业的话语来开启电话中的对话，甚至是跟他人预约好拨打电话的时间。毕竟，如果在此期间发生了紧急情况，就可能会错失谈话的好时机。如果你试图在这个时间节点继续谈话，电话中的另一方可能已经无法集中注意力了，所以要先询问对方"现在方便聊聊吗"。

如果对方说现在不方便，那么你可以稍后再致电或者询问对方什么时间方便。这是很简单的表达礼貌和尊重的方法，别人也会十分欣赏这种做法。无论你之前是否已经安排好通话时间，永远不要假设对方此刻有时间和你说话。

避免电话捉迷藏

一方面，你要尽一切可能避免玩电话捉迷藏。

你要用安排面对面的办公室会议的方式安排电话预约。当你打电话给别人时，请留下你方便接电话的具体时间以及能联系到你的电话号码。当他人给你打电话时，如果你不方便电话沟通，请秘书代为安排一个双方都方便的回电时间。这个时间应该是你在办公室或者可以打电话的时间，以便能按时、专心地回电。

另一方面，你要将电话用作业务工具。快速接通、快速挂断，直入主题。不仅要礼貌、友好，也要务实、以结果为导向。

你对电话交谈的时间和内容掌握得越精确、准备得越充分，就可以在同样的时间里打更多个电话，每次通话的效率也越高。

第十八章
有效地组织会议

　　职场上，每个人25%~50%的工作时间都花在各种各样的会议上。这些会议可能是在走廊或出入办公室时举行的简短讨论，也可能是在办公室或会议室里举行的更正式的会议。但不幸的是，会议的50％或更多的时间都被浪费了。尽管会议耗费了大量的时间，但其能产生的持久价值微乎其微。不过，会议本身也是一种重要的时间管理工具，前提是必须有效地利用会议的时间。

⏱ 计算会议成本

你首先要确保自己有充分的召集或参加会议的理由。将每次会议视为一项商业投资，因为它花费了管理层和员工的时间和工资成本。考虑到公司需要从投入会议的金钱成本中获得回报，可以合并召开某些会议。

如果这场会议需要有 10 个人参加，这些人的平均薪资为每小时 50 美元，那么公司将为这一小时的会议承担 500 美元的成本。换个角度思考，如果有员工想在一个项目上花 500 美元，并向你申请批准，你就会想知道公司能从这笔费用中得到什么收益，你甚至可能需要员工提供更多的信息和细节，才会放心地批准这种规模的支出。因此，你也要用同样的方式对待每一次会议。

其次,你要避免不必要的会议。始终反问自己是否必须召开此次会议。如果没有必要,就不必召开。如果你个人不需要参加此次会议,那你就不要参加。如果你是会议的组织者,问问自己这场会议对哪些人至关重要,你就只邀请这些人参加。不要只是为了让他们感觉良好或认为自己重要,就邀请不需要参会的人参加会议。

◉ 计划议程

每次会议都要设定会议议程,并以书面形式呈现。在会议中严格遵循议程,优先讨论议程中的项目,并先讨论其中最重要的项目,以防时间不够。

会议的主持者要让讨论保持在正确的轨道上，并在进行下一项议题之前，结束正在讨论的议题。

按时开始和结束会议。如果有习惯性迟到的人，那么你可以提前告知参会者会议开始后不久会把会议室的门锁上，避免会议受到干扰；你也可以假定迟到者根本不会来，立即开始会议。会议开始后，请确保在会议期间不会受到任何人的打扰。

马歇尔·古德史密斯（Marshall Goldsmith）在他的畅销书《魔鬼管理学》（*What Got You Here Won't Get You There*）中曾说，领导者一个最大的缺陷是在下属参加的会议中往往占主导地位。因为你是领导，所以当你讲话的时候每个人都会倾听。渐渐地，下属就学会了不说话、不插嘴，让你想说多久就说多久，想说什么就说什么。

⏱ 询问更多问题

开会时，你要适当地表达和倾听，问更多的问题，更仔细地倾听，而不是自己一直在说、推动议程。开会旨在鼓励所有参会者表达自己的最佳想法，但如果你一直在讲话，是不可能实现这一点的。

最好、最有效的会议就是站着开会。你可以举行这种类型的会议，地点也可以选在你的办公室中。只有当所有人都站着时，才能快速简洁地讨论任何需要讨论的内容，以便每个人都可以尽早回去工作。

召开这样的会议很简单，你可以说："我知道每个人都很忙，为了节省时间，我们今天站着开会。这样我们才能迅速讨论完所有内容，大家都能更快地回去工作。"因为大家普遍都很忙，所以你会发现，只要会议的时间和地点合适，员工都会非常喜欢这种形式。

正如彼得·德鲁克曾经所写："管理人员花在会议上的时间超过管理时间的 25% 是组织混乱的表现。"

第十九章
读得快，记得多

如今，普通的商务人士每天要阅读数千字的电子邮件、报告、新闻故事、商业信息、杂志文章和其他数据。为了取得成功，你必须紧跟当前的阅读要求。我们生活在一个以知识为基础的社会中，每一条关键信息都可能会对自己的工作和决策产生直接影响。

因此，你要花些时间选择自己要阅读的内容。就阅读和紧跟时代而言，最好的节约时间的方法是有取舍地按下键盘上的"删除"键。你要尽早并经常按下这个键，不要浪费时间阅读那些对自己的生活和工作没有直接价值关联的内容。

学会快速阅读

虽然无法回避接收到的所有信息，但你可以对它们进行分类，并在对自己有意义的时间和地点浏览。你需要重点培养的一项技能就是快速阅读。你如果从未上过速读课程，那么现在应该立刻选修相关的课程。参加速读课程，即便是刚开始的两节课都可以使你的阅读速度和记忆水平提高3倍。此外，随着速读技术取得的惊人发展，任何人都可以学会在保证较高的理解水平的情况下，每分钟阅读500~1000个单词。

🕐 批量阅读

当你在网上浏览到有价值的信息时，为了便于以后翻阅和避免"转移任务"（即从手头的工作转移到阅读最近的信息），你可以将它们打印出来并归档放在一边，或者把它们存放在电脑的一个单独的文件夹中。一旦养成了这样的习惯，你会惊讶于自己的阅读量，以及在阅读该材料时自己有多么专注。

🕐 选择性阅读

就报纸而言，你可以每天将报纸上发布的最重要的信息传到电脑上，或者阅读纸质版。无论采用哪种形式，请快速浏览且仅阅读与自己相关的内容。

在新闻报道中，最重要的信息通常在标题和第一段中。一般而言，你不需要阅读故事中的所有详细信息，也不需要了解到底发生了什么。

杂志的设计和制作方式意图让读者逐页阅读。这样可以使读者更多地浏览到杂志上的广告（报纸也一样）。

因此，你必须有选择地进行阅读，只阅读与自己相关的且重要的内容。你可以先查看目录，然后直接阅读与自己的生活和工作有关的文章。纸质版材料最大的好处就是便于撕扯和阅读，你可以把要读的文章撕下，放入文件夹中，并随身携带该文件夹，以备不工作的时候可以随时阅读。

在决定花时间读哪本书之前，你要仔细挑选。可以订阅纸质版和线上的书评服务，这样你能够在短短几分钟内了解任何书籍中最精华的内容和想法。

◷ 大胆说不

事实上，节省阅读时间的最佳方法是下决心不阅读任何东西。通过仔细筛选图书或期刊的序言、目录、作者简介、索引等，你可能会发现这本书或期刊对自己并不重要。在这种情况下，请停止阅读，以便腾出更多时间做更重要的事情。

◷ 培养阅读方法

多年来，我养成了每天阅读 3 个小时以上的习惯，内容涉及商业、经济、政治和个人发展。在我的职业生涯中，阅读时间已经累计超过了 15 万个小时。利用积累的信息，我已经写了 60 多本书，包括本书在内。

当人们问我怎么会有时间读这么多内容时，我的解释很简单。我整理好自己想要阅读的材料，哪怕几分钟、几小时，甚至是赶飞机的途中，我只要有空闲的时间，都会拿出这些材料阅读。

请记住，"所有的领袖都是读者"。除非你持续不断地、有选择地用一些有史以来最聪明的人的学识来充实自己的思想，否则你不可能跟上行业的发展趋势，成为行业的佼佼者。

第 二 十 章
为个人发展投资

　　为了提升自己的工作效率和业绩，以及对公司的价值，你应做的最重要的事情就是越来越出色地完成对自己最重要的任务。坚持每天都花一部分时间用于自我发展。这是时间管理的一项重要功能，可以让你晋升到高管级别甚至更高的职位。

　　在你每天的计划中要留出一部分时间用于个人的继续成长和发展。个人发展的基本原则表明，你目前的知识和技能，无法让你超越自己今天的成就。想要在职业生涯中走得更远，并在事业上取得进步，你必须学习更多的知识，不断学习才会有更大的收获。

⏺ 持续不断地提升自己

你需要每天努力提升自己。如果你每天阅读一小时有关提高自己工作能力的图书，那么 5 年之内你就可以跻身全社会前 1% 的行列。

一种很实用的方法是你在开车出行时或者上班途中，收听教育类的音频节目。如今，几乎所有用语言汇编的最好的信息和想法都可以录音后存储在光盘或者下载到智能手机和平板电脑上。

大多数通勤者每年平均有 500~1000 个小时在开车或者在公共交通工具上，相当于大学的一

到两个学期，那么平均每星期就是12~24个小时。这意味着你只需将通勤时间变成学习时间，就可以享受在全日制大学读书一样的益处。你如果不在通勤途中听音频节目，就会错过一个很好的学习机会。

🕐 参加专家讲授的研讨会和讲习班

你每年至少要参加 4 次行业专家举办的研讨会和讲习班，积极寻找参加这些研讨会和讲习班的机会，做好长途跋涉向行业顶尖人才学习的准备。

这些研讨会的主讲人都是在某个领域已经取得成功的、具有丰富实践经验的人。你应该尽量避免参加象牙塔里写作教书的大学教授的讲座和研讨会。

他们缺乏实战经验，所讲授的内容在学术上往往是正确的，但实际上用处不大，你可能无法利用他们的想法在工作中取得更好的业绩。

第二十一章
整理工作空间

　　另一个有效的时间管理工具是在干净的办公桌前和整洁的工作空间里工作。正如出色的厨师在烹饪前后都会清理厨房一样，你也应该在开始工作之前收拾好自己工作的空间。一位近代历史上非常成功的企业家表示，他成功的关键是永远在干净的办公桌前工作。

　　彼得·德鲁克指出，工作效率较高的高管的办公桌一直都很干净。除了目前正在处理的工作需要用到的东西外，其他所有的东西都应该归置整齐，这就是为什么他们能够在较短的时间内很清晰地聚焦自己需要完成的任务并能高质量地完成。

不论是纸质文件还是电子文档，你都要归置到相应的文件夹里。在桌面上只留有自己当前需要处理的任务，并尽可能地只在自己的面前放一件东西。

各行业的顶尖专业人员始终保持自己的工作空间整洁有序，例如，木匠、牙医或医生，他们每天都会清理和归置自己的工作空间。

安排有序，做好准备。这就要求你确保储备了足够的办公用品和材料，以备随时使用。当你开始工作后，由于缺乏适当的准备或工具停止工作，随后再继续工作，会对工作效率和业绩产生很大的破坏性。

许多人认为，在凌乱的办公桌前、混乱的工作环境中，他们可以更有效地工作。然而，对这类人群的所有研究都表明，当他们被迫整理工作环境以使他们面前只有一项任务时，其工作效率通常会在很短的时间内翻 2~3 倍。

人们发现，办公桌十分凌乱的人，每天都会在寻找所需的材料上花大量时间。从心理上讲，当看到凌乱的办公桌或办公室时，你的潜意识会觉得自己没有条理。当你的眼睛和注意力从桌子上的一样东西移到另一样东西再回到工作时，注意力处于一种持续分散的状态。

第二十二章
结　语

关于时间管理的最后一点是平衡的概念。时间管理对生活最大的影响就是平衡和节制。通过练习本书中的方法、策略和技巧，你也会成为时间管理大师，会有更多的时间陪伴家人、专注于个人生活。

人们通常会使用时间管理程序，以便每天能完成更多的任务。但是，正如智者所说："生活不只是加快速度。"

学习和练习时间管理技能的主要目的是提高和

改善生活的整体质量，这样可以让你感觉更快乐、更幸福。

🕐 生活质量

无论你多么适合目前的工作，你的生活质量都很大程度上取决于三个方面。

首先，是你内心生活的质量：与自己相处的融洽程度，对自己的满意程度以及对性格和个性的感觉。内心的成熟需要时间和反思，也需要对生活中的重大问题进行思考。

其次，是你的健康。没有任何成功能以健康为代价。你要健康饮食，定期锻炼，适当休息和娱乐。有时，利用时间的最好方式是早点上床，睡个好觉。

最后，也是最重要的一点，花点时间经营你的人际关系。你关心的人和关心你的人是你一生中最重要的部分。切勿让自己沉迷于工作，忽视了与配偶、子女和亲密朋友等的重要关系的维系。

美好的生活是一种平衡的生活。你如果花费足够的时间来维护和改善人际关系的质量，就会发现自己能够从工作中获得更多的快乐、满足感和成就感，自然也会取得成功。

一位睿智的老医生曾经说过："我从来没有听任何一位濒死的商人说希望自己花更多的时间待在办公室里。"

希望本书的一些方法能在生活中的方方面面对你有所启迪。

博恩·崔西职场制胜系列

《激励》

定价：59 元

《市场营销》

定价：59 元

《管理》

定价：59 元

《谈判》

定价：59 元

《领导力》

定价：59 元

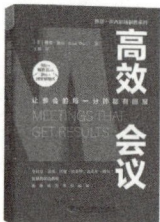

《高效会议》

定价：59 元